Karl Sittl

Die Patrizierzeit der griechischen Kunst

Karl Sittl

Die Patrizierzeit der griechischen Kunst

ISBN/EAN: 9783743631359

Hergestellt in Europa, USA, Kanada, Australien, Japan

Cover: Foto ©Thomas Meinert / pixelio.de

Weitere Bücher finden Sie auf **www.hansebooks.com**

XXIV. PROGRAMM
DES
VON WAGNER'SCHEN KUNST-INSTITUTES
DER
UNIVERSITÄT WÜRZBURG.

DIE
PATRIZIERZEIT
DER
GRIECHISCHEN KUNST.

VON

KARL SITTL.

MIT DREI TAFELN.

WÜRZBURG.
IN COMMISSION DER STAHEL'SCHEN K. HOF- UND UNIVERSITÄTS-BUCH- UND KUNSTHANDLUNG.
1891.

XXIV. PROGRAMM
DES
VON WAGNER'SCHEN KUNST-INSTITUTES
DER
UNIVERSITÄT WÜRZBURG.

DIE

PATRIZIERZEIT

DER

GRIECHISCHEN KUNST.

VON

KARL SITTL.

MIT DREI TAFELN.

WÜRZBURG.
IN COMMISSION DER STAHEL'SCHEN K. HOF- UND UNIVERSITÄTS-BUCH- UND KUNSTHANDLUNG.
1891.

Digitized by the Internet Archive
in 2014

https://archive.org/details/diepatrizierzeit00sitt

Vorrede.

Das diesjährige Programm erscheint etwas zeitiger als sonst, um den Abschluss der Neuaufstellung der hiesigen Altertümer- und Kunstsammlungen anzukündigen. Dieselben waren früher äusserst ungünstig untergebracht, bis der Bau gesonderter Institute Platz schaffte. Der Verwaltungsausschuss vermehrte die Räumlichkeiten durch den grössten Saal der Universität und vielleicht aller deutschen, für dessen Adaptierung sodann das kgl. Staatsministerium erhebliche Mittel bewilligte. Durch diese Unterstützung wurde es möglich, die Sammlungen im westlichen Flügel des Universitätsgebäudes zu vereinigen, planmässig zu ordnen und zugänglicher zu machen.

Im Erdgeschosse gehören dem Institute vorläufig 2 Säle und 1 Zimmer, enthaltend die archäologische und kunstwissenschaftliche Spezialbibliothek (1675 Nummern), den schriftlichen Nachlass M. v. Wagners mit 554 Handschreiben von König Ludwig I., archäologischen Aufzeichnungen u. s. w., einen in der Bildung begriffenen Lehrapparat von Photographien und anderen Vervielfältigungen, gegen 40000 Kupferstiche mit 264 Kupferwerken und etwa 14000 Handzeichnungen, endlich die Gypsabgüsse neuerer Skulpturen.

Im ersten Stock nehmen zwei durch Holzwände in Kabinete geteilte Säle und ein Zimmer 644 Gemälde auf. Das zweite Stockwerk wird durch den erwähnten ca. 300 ☐m grossen Saal, die alte Aula, ausgefüllt. Oben von den Gypsmodellen des Walhallafrieses eingerahmt, umschliesst er die Abgüsse antiker Skulpturen. Im dritten Stockwerk füllen die Originalantiken, vornehmlich die grosse Vasensammlung, drei Zimmer und einen Corridor; ein viertes Zimmer enthält Abgüsse von Erzeugnissen des antiken Kunsthandwerks und aussereuropäische Gegenstände. Das fünfte ist dem Münzkabinet eingeräumt (mit 5608 vermischten Münzen und Rulands bekannter Würzburger Sammlung). Endlich findet sich im sechsten und siebenten Raume, was wir an Skulpturen und kunstgewerblichen Arbeiten neuerer Zeit besitzen; das meiste entstammt natürlich Unterfranken und davon wieder das beste der Hand Riemenschneiders.

Für dieses Mal sollen die Abbildungen (bis auf zwei bekannten Werken entlehnt) den Text begleiten, nicht der Text die Bilder. Für freundliche Beihilfe habe ich dem Verlage von B. G. Teubner (Leipzig) meinen Dank auszusprechen; auch die Direktion der kgl. Hof- und Staatsbibliothek in München hat wieder ihre Liebenswürdigkeit bewährt.

Verzeichnis der Illustrationen.

Fig. 1. „Apollo" aus Tenea . . . . Roschers Lexikon I Sp. 450.
" 2. Relief aus Chrysapha (Sparta) . Das. II Sp. 2570.
3. Athenefigur von Terracotta . . Das. I Sp. 688.
4. „Wagenlenker" in Tübingen . Jahrbuch I T. 9.
5. Athene im Giebel von Aigina . Roscher I Sp. 692.
6. Eris an einer schwarzfigurigen Vase Roscher I Sp. 1358.
7. Basis aus Sparta . . . . . Helbig, hom. Epos S. 217.
8. Münze des sicilischen Naxos . Head, historia numorum S. 139.
9. Kriegerkopf aus Olympia . Bötticher, Olympia S. 246.
10. Figur des thasischen Reliefs . nach Brückmann Braun.
11. Thonstatuette der Aphrodite . Roscher I Sp. 402.
12. Bronzener Läufer aus Dodona . nach Rayet.
13. Thonstatuette aus Rhodos . . Heuzey, les terrescuites du Louvre T. 12, 4.
14. „Apollo" aus Orchomenos . Helbig S. 258.
15. Kopf von der Akropolis . Musées d'Athènes T. 8.
16. Bronzefigur in Olympia . . . Olympia IV T. 7, 18.
17. Ausguss einer Form in Olympia . Das. T. 7, 88.
18. Münze des sicilischen Naxos Roscher I Sp. 1103.
19. Kopf des „Apollo" aus Tenea . Helbig S. 239.
20. Athletenkopf aus Athen . . . Rayet monum. I 18.
21. Bronzener Lockenhalter aus Böotien Helbig S. 243 Fig. 78.
22. Münze von Syrakus . Head Fig. 94.
23. Athenisches Relief . . . . . Nuove memorie dell' inst. T. 13 A.
24. Goldene Cikaden aus Südrussland Antiquités du Bosphore Cimmérien T. 22, 20. 21.
25. Münze von Ainos . . . . . . Head Fig. 156.
26. Kopf von einem Vasenbild des Euphronios Jahrbuch II S. 235.
27. Bronzefigur aus Argos . Berl. Winckelmannsprogr. 1891 T. 1.
28. Münze von Tarent . . Head S. 45 Fig. 26.
29. Kopf von der Akropolis . Musées d'Athènes T. 15.

Die Patrizierzeit der griechischen Kunst.

Auf griechischem Boden knüpft sich die erste Kulturperiode an die Namen Mykene und Tirynth. Mächtige Selbstherrscher müssen dort gesessen haben; das beweisen die riesigen Steinblöcke, welche von Tausenden frohnender Unterthanen erzählen. Ihre Schiffe durchstreiften die Meere von Kolchis bis zu den Sagenländern des Westens und manche fremde Stadt mag damals das Schicksal Ilions geteilt haben. Selbst Ägypten hat unter der neunzehnten und zwanzigsten Dynastie (seit etwa 1400 v. Chr.) die Angriffe der „Völker des Nordens" und des „Seevolkes" abzuwehren gehabt[1]). Ob jene mächtigen und kriegsgewaltigen Herrscher griechischen Stammes waren, wird ohne schriftliche Denkmäler nie entscheidbar sein; die Griechen liessen sie (ich erinnere an Pelops, Minos' Matter und Danaos) aus dem Oriente kommen. Sicherlich war diese „mykenische" Kultur nicht selbständig, sondern ein Ableger der älteren in Vorderasien und Ägypten[2]). Mit der zweiten Hälfte des dreizehnten Jahrhunderts nehmen die erwähnten Streifzüge den Charakter von Auswanderungen an; denn ein neues Volkselement dringt unaufhaltsam vor.

Der Hellene beginnt seine Kulturlaufbahn mit Vernichtung: dass die Besieger jener Gewalthaber rohe Bergstämme waren, welche nur kriegerische Tugenden besassen und den Luxus der mykenischen Zeit nicht einmal nachahmen wollten, bezeugen die Griechen selbst mittelbar, indem sie aus den Jahrhunderten, die auf die Zerstörung jener glänzenden Reiche folgten, höchstens kriegerische Thaten zu melden wissen[3]). Die von Thukydides gegebene Charakteristik dieser Periode ist gewiss richtig gezeichnet.

Im achten Jahrhundert zieht jedoch ein neuer Geist ein, welcher eine Reihe der wichtigsten Ereignisse hervorruft: den Beginn von Jahrbüchern, das erste chronologisch bestimmbare Kunstwerk, die frühesten Dichtungen, welche der Fortpflanzung wert erscheinen[4]), sodann die Aufschliessung des Westmeeres, die gänzliche oder faktische Beseitigung der Königsherrschaft und — den ersten grösseren Krieg. Die durch solche folgenreiche Geschehnisse eingeleitete Periode erhielt ihr eigentümliches Gepräge von den damaligen politischen und kommerziellen Verhältnissen. Es gibt nun keine Könige mehr, welche sich gewaltige Burgen mit glänzenden Palästen erbauen; dafür liegt Gewalt und Besitz in den Händen zahlreicher Patrizier, welche sich nicht immer kraft ihrer Abkunft, sicherlich aber durch ihren Reichtum über die Masse der Arbeitenden erheben. Statt grosser Unternehmungen findet man kleinstädtischen Prunk[5]) und überhaupt ein kleinliches Treiben, welches durch eine strenge Etikette geregelt ist. Wegen der Beschränktheit dieser Verhältnisse muten uns die poetischen und bildlichen Denkmäler der Zeit naiv an. Was ihren Gewohnheiten widerspricht, finden unliebenswürdige Menschen verwerflich und lächerlich, die sentimentalen naiv. Die Griechen waren so glücklich, nur Beurteiler von der letzteren Art zu finden. Aber das Naive widerspricht dem Konventionellen, und doch durchdrang die Konventionalität Leben und Dichtung. Die Fixierung einer bestimmten Sprache für jede Litteraturgattung, die Detailmalerei der homerischen Gedichte, ihre Formelsprache, die Höflichkeit, welche jedem, selbst dem Gatten, seinen Titel gibt, bei Bitten von Niederknieen spricht und als Kompliment einen Vergleich mit den Göttern liebt, die zweifelhafte Frömmigkeit, welche nicht ausschliesst, dass die Götter in bedenkliche Situationen geraten, das Taxieren des Menschen nach Geld und Gut um dessen willen ein Odysseus lieber noch länger in der Welt herumwandern würde, wenn er dann mehr heimbrächte, dies und noch manches andere verdient gewiss nicht den Namen der Naivität; wohl aber passt alles für ein von der Würde des festen ererbten Besitzes durchdrungenes abgeschlossenes Patriziertum. Nicht minder zeigt die Verherrlichung der Athletenspiele wie durch Poesie und Kunst so durch den Staat, dass diese damals ein Sport der besten Klassen waren, welche zu den Übungen genügende Zeit hatten. Wir wollen aus der patrizischen Kultur Griechenlands hier die Kunstthätigkeit herausgreifen, welche aus jenen socialpolitischen Verhältnissen erwachsen ist. Statt sie archaisch zu schelten und ihr Wesen in der Unvollkommenheit zu suchen, wollen wir versuchen, in den Geist einzudringen, welcher die äusseren Formen der „archaischen" Kunst geschaffen hat.

Dass die archaischen Figuren den Eindruck des Steifen machen, ist schon oft ausgesprochen, kaum aber die Absichten, welche diese unfreiwillige Wirkung erzielt haben. Nicht zwanglose Natürlichkeit, sondern abgezirkelte Schicklichkeit und Würde herrschen in diesem Kreise.

Der griechische Patrizier steht fest da, den Kopf senkrecht auf den Schultern, den Körper kerzengerade wie ein Soldat, die Beine auf beiden Sohlen gleichmässig ruhend. Entlastung oder Aufstützen des einen Beines oder gar Kreuzung der beiden sind so unerhört[6]), als irgend eine andere bequeme Lage des Körpers. Ebensowenig dürfen im Sitzen die Beine von einander getrennt werden, weil eine nachlässigere Stellung den damaligen Anstandsbegriffen widersprach[7]). Der archaische Grieche geht auch nicht nach Belieben, er schreitet, wenn ihn nicht etwas besonderes aufregt, mit kurzen Schritten, so dass der Zeichner den Augenblick, wo beide Sohlen am Boden haften, festhalten kann[8]). Haben die Arme nichts zu thun, so hängen sie einfach an der Seite des Stehenden herunter[9]) oder liegen auf den Knieen des Sitzenden[10]). Selbst die orientalische Mode, welche an Abbildungen aus der Zeit Ludwigs XIV. erinnert, eine oder selbst beide Hände auf der Brust ruhen zu lassen, ist kaum zulässig[11]), geschweige denn die Lage auf dem Rücken oder in der Seite. Wer aber eine Beschäftigung hat, führt sie korrekt ohne Rücksicht auf Schönheit aus: Die Götter strecken, was sie ihren Verehrern zu bieten oder zu zeigen haben, vorsichtig und fest vor[12]); der Athlet drückt die Schulterblätter zusammen und zieht das Kreuz ein[13]); der Wagenlenker steht mit eingeknickten Knieen und vorgebeugtem Oberkörper auf dem Wagen[14]); mit spitz zurückgezogenem Ellenbogen bringt der Krieger seinen Speer in Auslage[15]) und fällt mit seitwärts, ja eher rückwärts gedrehtem Fusse weit aus[16]); der Läufer rudert aus Leibeskräften mit den Armen, wie die fliegende Gottheit, welche dazu die entsprechenden Bewegungen mit den Beinen macht[17]). Freiere Bewegungen werden, mit einigen übermenschlichen Ausnahmen, nur Kämpfern und Betrunkenen erlaubt. Hingegen können die aufregendsten Scenen, z. B. Mordthaten, mit einer gewissen Grandezza vor sich gehen[18]).

Neben dieser „Steifheit" figuriert die jener doch wohl entgegengesetzte „Naivität" unter den Kennzeichen der archaischen Kunst. Wir möchten jedoch eher ein Streben nach Zierlichkeit oder, um das Schlagwort der vielfach verwandten Rococoperiode zu gebrauchen, *minauderie* erkennen. Liessen sich doch die Oligarchen manchmal, wie aus mehreren Stellen der aristotelischen „Staatslehre" hervorgeht, nicht nur „die Anständigen", sondern auch „die Zierlichen" nennen, und die Dichter unserer Periode geben uns einen grossen Begriff von den Chariten.

Das „archaische Lächeln" ist mithin nichts anderes als die angenommene freundliche Miene des gebildeten Mannes[19]). Selbst der Krieger legt sie im Kampfe nicht ab, wenn auch sein Lächeln das düstere des homerischen Aias wird, und ist stolz darauf, seine Miene von dem Schmerze der Wunde nicht beeinflussen zu lassen[20]). Der feine Grieche fasst eine leichte Sache mit den Spitzen des Daumens und Zeigefingers[21]), Personen aber am Handgelenk, wie die Herren im vorigen Jahrhundert die Damen an den Fingerspitzen führten[22]). Männer, wie Frauen beschäftigen sich häufig mit Blumen und wohlriechenden Früchten[23]); die letzteren halten gerne ihre Blüte oder einen Vogel kokett an die Brust gedrückt[24]). Die Dame erkennt man an der Art, wie sie den Rock im Gehen leicht hebt[25]). Auch hier begegnet uns eine Rococomode, welche nach dem früher wenigstens geltenden Gesetze, dass die Mode stufenweise von Klasse zu Klasse herabsteigt, jetzt Bauernmädchen verblieben ist; denn das „Naive" und das „Primitive" sind nur zu oft Kulturreste.

Dem Benehmen entspricht selbstverständlich die äussere Erscheinung. Auf das frischgewaschene und gefältelte Gewand wird grosse Sorgfalt verwendet, dass es regelrecht sitzt und gleichmässige Saumfalten wirft, während die Nachlässigkeit nicht, wie später, genial sondern einfach unordentlich erscheint[26]). Ein fast noch wichtigeres Objekt der Stilisierung des Menschen ist aber das Haar. Im Texte wollen wir nur die eigenartigen Grundzüge der patrizischen Frisur geben. Da die herrschenden Personen Musse genug haben, um ihr Haar zu pflegen, lassen sie es zum Unterschiede von der arbeitenden Klasse, welche ein solcher Haarwuchs nur belästigen würde, lange wachsen. Dann wird es künstlichen Proceduren unterzogen, welche vielerlei Abweichungen von einander zeigen, immerhin aber einen gemeinsamen, leicht erkennbaren Grundzug haben: es ist die Verkünstelung des Haares in Locken oder Zöpfe. Hoffentlich wird es noch gelingen, die verschiedenen Moden, welche wir in die Anmerkung[27]) verwiesen haben, bestimmten Zeiten und Orten zuzuweisen. Zur Festhaltung der Locken dienten die Drahtspiralen, welche, aus Homer bekannt, in Gräbern sich vorfanden, während der Krobylos mit den berühmten „Grillen" geschmückt wurde[28]). Wie die Perrücke dem schlichteren Zopf mit dem Haarbeutel Platz machte, so läuft die griechische Locken- und Flechtenperiode in die des beutelförmig aufgenommenen Haares aus[29]): den Übergang zum schlichten Haare bedeutet auch das Rollen um eine Binde[30]).

Wer die im Vorstehenden geschilderte Periode des Griechentums als eine echt hellenische der Kultur des Orientes gegenüberstellen wollte, hätte die griechischen Zeugnisse selbst gegen sich. Die Mythen der alten Dichter verbinden Griechenland mit dem Orient ohne einen Unterschied zu machen; übrigens sah der Hellene damals noch im Oriente viel schönere Dinge, als er zu Hause besass, an Gelegenheit dazu fehlte es ihm aber nicht. Seefahrten waren dem Adeligen von der Odyssee bis auf Solon nicht ehrenrührig, weder wenn er als Kaufmann noch wenn er als Seeräuber die Fremde aufsuchte[31]). Griechische Söldner fanden sich im Heere des Asarhaddon (680—669) und bei Psammetich, und zwar Leute wie Alkaios und sein Bruder. Umgekehrt erschienen phönikische Schiffe in den griechischen Gewässern[32]). Auch politische Verbindungen wurden mit dem Auslande angeknüpft[33]), wobei kein panhellenisches Nationalgefühl sich zeigte, so dass noch zur Zeit der Perserkriege namentlich in den Städten alter Ständeverfassung eine den Orientalen geneigte Partei vorhanden war.

Hinter der grossstädtischen Kultur Ägyptens und Assyriens blieben die Griechen notwendig zurück; sie erhoben sich z. B. kaum zu korrekt zugestutzten Zierbäumen und sorgfältig frisierten Pferden. Natürlich wirkte der orientalische Einfluss stärker auf die im Osten wohnenden Jonier, welche mit den Orientalen zuerst und am meisten verkehrten. Doch war das alte Sparta damals noch nicht in Selbstgefälligkeit erstarrt, sondern nahm dankbar an, was die Fremde schönes bot[34]), während Nordgriechenland am weitesten von der fremden Kultur ablag[35]). Thukydides hebt allerdings in der Einleitung seiner Geschichte (K. 6, 4) hervor, dass die Spartaner, wohl infolge ihrer kriegerischen Geschichte, „zuerst" (von den Griechen) eine einfachere Lebensweise angenommen hätten. Den geschilderten Verhältnissen entsprechend haben die Denkmäler dieser Periode zwar schon etwas specifisch griechisches, aber sie stellen doch noch keine selbständige Kunst, sondern eine eigenartige Abzweigung von der orientalischen dar, so dass für jedes Detail Parallelen aus den Denkmälern des Orientes beigebracht werden können.

Einerseits das Streben nach Würde und Zierlichkeit, andererseits der innige Zusammenhang mit der orientalischen Kultur machen das Wesen der archaischen Kunst aus, nicht mangelhafte Zeichnung, welche jeder Zeit vorkommen und statt früheren Ursprungs recht wohl das geringere Können verraten kann, auch nicht die strenge Stilisierung an sich, welche oft dem dekorativen Stile eignet. Semper scheint also, wie so oft, instinktmässig das Richtige getroffen zu haben, indem er von der „Kunst einer zierlichen, gezierten, aristokratischen Tyrannenzeit" sprach.

Unsere Auffassung dürfte dadurch bestätigt werden, dass die „archaische" Periode ihr Ende erlangte, als jene inneren Triebfedern zu wirken aufhörten. Schon im sechsten Jahrhundert wurde die Vormacht der Patrizier erheblich erschüttert; seit den Perserkriegen aber war der demokratische Geist führend. Das grösste Ereignis der griechischen Geschichte wirkte mit einer Wucht, welche an 1789 erinnert. Die Schranken des Conventionalismus fallen und das Kleid samt der Haartracht wird schlichter, so dass der Unterschied zwischen Reich und Arm sich mindert; die würdevolle Ruhe macht lebhaften Bewegungen und behag-

lichen Stellungen Platz. Hatte man früher zu den Orientalen mit
Hochachtung aufgesehen, so fühlte sich der siegestrunkene Grieche
ihnen weit überlegen; was vom Oriente entlehnt war, galt nun
für unhellenisch. Herodot zweifelt darum an dem wahren Griechen-
tume der Jonier und betrachtet, wie selbst der Athener Aischylos,
die dorische Tracht als die allein nationale[36]). So sehr war im
Osten und Westen durch die Siege von 480/79 der Chauvinismus
erregt worden.

Cypern hat aus politischen Gründen an dieser Bewegung
keinen Teil genommen, sondern ist kaum unter Euagoras, voll
erst unter Alexander dem Grossen in geistigen Zusammenhang
mit dem Mutterlande gekommen. Ähnlich stand es mit Lykien.
Ebenso brauchten Etrurien und Latium dem Zuge Griechenlands
nicht gleich zu folgen; hier muss im Gegenteil der Stil der orien-
talisierenden Zeit länger geblieben sein, sonst würde man die
altertümlichen Werke nicht tyrrhenisch genannt haben.

Wer zuerst die demokratische und dem Orient abholde
Stimmung im Bilde zum Ausdruck brachte, sagen uns die Alten
nicht; dass in der Kunstgeschichte Phidias diese Rolle zugewiesen
wird, dürfte kaum zu rechtfertigen sein. Die alte Überlieferung
weiss von ihm nichts bahnbrechendes, als dass er zuerst —
ciselierte. Von dem augenblicklich viel gefeierten Polygnotos hat
Plinius nichts brauchbares zu sagen, als dass er der erste (nennenswerte) Maler war. Soll überhaupt ein bestimmter Name genannt
werden, dann hat nach Diogenes Laertios (8, 47) und der Erz-
bildnerliste des Plinius, wenn sie in die richtige chronologische
Ordnung gebracht wird, nur Pythagoras von Rhegion Anspruch
auf die führende Stellung.

Bekanntlich finden sich mehr oder weniger starke Anklänge an die archaische Kunst in Werken späterer Zeit. Wir wollen den Versuch wagen, die Altertümelei (wohl das schwierigste und umstrittenste Kapitel der alten Kunstgeschichte) in ihre Elemente zu zerlegen.

Das Zeitalter der rückwärtsschauenden Gelehrsamkeit von Alexandrien hat die alten Frisuren wieder zu Ehren gebracht, indem man Götter und Heroen wenigstens mit antik sein sollenden Haartouren versah. Die Münzen weisen auf das dritte und zweite Jahrhundert v. Chr., die Glanzzeit der Homerphilologie. Die altmodische Tracht erfährt freilich eine elegante Umbildung, wobei auch geradezu Fehler mit unterlaufen[36]). Hieher gehören viele Bildwerke, darunter so bekannte wie die Athena von Herculaneum, die Artemis der Glyptothek und die sogenannte Penelope[37]). Nicht zu verwechseln damit sind die charakteristischen Lockenfrisuren von Barbaren, Ptolemäern und Seleukiden[38]). Dass jene Werke alle gerade im dritten oder zweiten Jahrhundert entstanden seien, will ich nicht gesagt haben; denn die historische Richtung dauerte noch fort und erhielt sich, was noch nicht bemerkt worden zu sein scheint, auf der Bühne. Denn das Kostüm und die Masken der tragischen Schauspieler wollen an die vorpersische Zeit erinnern. Auch in gewissen priesterlichen Funktionen und bei Festspielen wurden die alten Trachten künstlich erhalten und als die „geschichtliche Bildung" immer weitere Kreise durchsetzte, machte eine historische Frisur tiefen Eindruck auf die Frauenherzen[39]).

Aber im letzten Jahrhundert v. Chr. wurde eine andere Richtung laut: gegen den Barockstil der Litteratur und Kunst erhoben sich gewichtige Stimmen. Während dort die Rückkehr zu den Attikern empfohlen wurde, pries man hier nicht so sehr die Naturalisten Praxiteles, Skopas und Lysippos wie deren Vorgänger. Für die letztere Bewegung gibt es spärliche Quellen, aber unzweideutig erhellt der neue Geist aus den Worten des Cicero, ihm scheine schon mit Polyklet der Höhepunkt der Kunst erreicht, wogegen der nicht auf den Zeitgeschmack, sondern auf die älteren Gewährsmänner hörende Varro sich noch nicht für diesen begeistern konnte[11]). Wenn auch die neue Mode vornehmlich den Meistern der perikleischen Zeit zu Gute gekommen sein muss, gab es doch auch konsequente Fanatiker, welche ihr Ideal „attischer Anmut" nur in den ungekünstelt scheinenden Reden des Lysias und nur in den ebenso naiv sein sollenden Werken älterer Meister fanden. Über den Parallelismus dieser litterarischen und künstlerischen Bestrebungen lässt Lukian in dem köstlichen „Wegweiser für Redner" (K. 9) keinen Zweifel.

Die Klassiker dieses Atticismus strengerer Observanz sind mit Sicherheit festzustellen. Bupalos und Athenis lieferten zu Augustus' Zeit nur Merkwürdigkeiten[12]); ohne Sympathie werden als Repräsentanten des starren Stiles Kallon und Kanachos genannt[13]). Über Hagesias waren die Ansichten geteilt, ob er noch jenen oder schon den vorgeschritteneren zugezählt werden solle[14]). Kritios und Nesiotes gehören eigentlich schon der neuen Zeit an und werden nur wegen ihrer Tyrannenmörder erwähnt[15]). Der Lysias der Kunst ist aber Kalamis, von welchem darum schon Lukull den Apollokoloss auf das Kapitol versetzte[16]). Wer immer Rede und Kunst vergleicht, gedenkt seiner[17]), der in Athen berühmt war als Meister der Sosandra und in der Stadt des Circus maximus als der der Viergespanne[48]). Da sein Name bei den späteren Atticisten verschwindet, ergeben sich als wahrscheinliche Zeitgrenzen des „Archaismus" etwa 50 v. Chr. und 150 n. Chr.

Der einzige nennenswerte Kritiker dieser Periode ist der Ex-Bildhauer Lukian[49]). An der Sosandra bewundert er die Züchtigkeit, ihr anständiges leises Lächeln, das geschickte und ziemliche Aufnehmen des Gewandes. Was also ehemals für fein und zierlich gegolten hatte, zog nun in einem überfeinerten Zeitalter mit ganz anderen Sitten durch seine scheinbare Naivität an. Indes hat der Archaismus in der Kunst nicht viele Freunde gefunden, ausser wo er das religiöse Gefühl befriedigte; denn kein religiöser Mann konnte verkennen, dass die Freiheiten praxitelischer Kunst der Würde der Himmlischen Eintrag thaten. Später ist die Identifikation von Altertümlichkeit und Ehrwürdigkeit bei den christlichen Griechen durchgedrungen. Vorher aber schon waren die alten Bilder wieder zu Ehren gekommen und hatten häufig die Stadtmünzen geschmückt[50]).

Was man den altertümlichen Bildern abzulauschen suchte, war einmal die ruhige Würde, welche sich in der geraden Haltung des Kopfes, dem gleichförmigen Stande, dem sachten Gange und der regelmässigen Lage des Gewandes aussprach[51]); lieber aber erstreckte sich die Nachahmung auf das Zierliche, die lächelnde Miene, das Aufnehmen des Untergewandes, die Berührung mit zwei Fingerspitzen, die Blume in der Hand und die kunstreichen Haartouren[52]). Getreue Kopien von ganzen Figuren sind bisher nicht nachgewiesen, sondern immer macht sich die freiere Kunst bald da bald dort bemerkbar. Manche Nachahmer haben einzelne Züge lächerlich übertrieben, z. B. wenn sie das Gewand aufheben lassen, dass man die ganze Wade sieht, oder Figuren auf die Zehenspitzen stellen, oder die Beine aneinander pressen [54]; auch können ihnen die Hüften nicht schmal genug sein. Kurz, den Nachahmer verrät bald ein Anachronismus, bald eine Übertreibung [55]).

Anmerkungen.

¹) Den in Mykene und auf Rhodos gefundenen Gegenständen mit dem Namen Amenophis' III. (um 1500 v. Chr.) und seiner Gemahlin Ti (vgl. den Bericht über die Januarsitzung der archäologischen Gesellschaft Berl. philol. Wochenschr. 1891 Nr. 12 Sp. 383 f.) lege ich um so mehr Gewicht bei, als sie die einzigen chronologisch bestimmbaren Stücke der vorhellenischen Zeit sind.

²) Zuerst wurden die „mykenischen" Vasen unter ägyptischen Funden jener Zeit entdeckt, wobei noch der Ausweg blieb, sie seien von Griechenland importiert worden. Nun hat sie aber der unermüdliche Flinders Petrie auch in einer philistäischen Binnenstadt gefunden.

³) Nur der bekannte „alte Mann" nennt dem Pausanias (6, 24, 9) eine kleine hölzerne Halle in Elis, von welcher die anderen nichts zu sagen wissen, Denkmal des Oxylos.

⁴) Ich hoffe zeigen zu können, dass in der vorliegenden Form der homerischen Gedichte nichts, abgesehen von der absichtlichen Zurückschraubung des noch als neu Bekannten, über das Jahr 700 hinauf und nichts über etwa 650 hinab führt.

⁵) Mit der Oligarchie verbindet sich nach Aristoteles die $τρυφή$ (Politik VIII (V) 10 p. 1311 a).

⁶) Den ausgesprochensten Typus gewähren jedenfalls die sogenannten Apollostatuen (zuletzt verzeichnet von Overbeck, Apollo S. 11 ff.), welche einerseits wegen ihrer vollständigen Nacktheit, anderseits wegen des Mangels von Attributen nur zweierlei vorstellen können: Sieger im Wettlauf, in wel-

chem Falle sie vor Ol. 48 (588), wo ein samischer Athlet wegen seiner langen Haare verhöhnt wurde, fallen dürften, oder, falls ehemals die assyrisch-babylonische Anschauung von der Nacktheit galt, einen Gott, welcher dann in dieser Zeit wegen seiner Bartlosigkeit kaum ein anderer als Apollo sein könnte. Und man sollte in der That erwarten, dass Siegerstatuen von Bronze, nicht von Marmor seien.

Neben einander gestellte Füsse kommen nur in hermenartigen Statuen vor (wie dem Artemisbilde von Delos, Bull. de corr. hell. III T. 1 und späteren Abbildungen von Idolen, z. B. Helena Roschers Lex. I Sp. 1167, Apollo bei Overbeck, Apollo S. 15. 16) oder in handwerksmässigen Figuren aus Bronze und Terracotta (z. B. Athen. Mitth. III T. 1, 1).

Ausnahmen von der im Texte aufgestellten Regel dürfen nicht zugelassen werden; was die drei Grabsteine anlangt, welche den Verstorbenen auf dem unter die Achsel gestemmten Stocke ruhend zeigen (der orchomenische von dem Naxier Alxenor, der ähnliche in Neapel und der des Agasinos aus Korseia, Athen. Mitth. IV T. 14, 2, nach Körte S. 270 f. Ende des 6. oder Anfang des 5. Jahrhunderts), so muss ihre scheinbare Altertümlichkeit auf bäuerischer Unvollkommenheit beruhen, gegen welche man mir die prahlerische Inschrift des wandernden Steinmetzen Alxenor nicht einwenden wird; in seinem Werke weist auch das kurze Haar und die nachlässige Bekleidung auf ein vorgeschritteneres Zeitalter. Die Inschrift setzt Kirchhoff an die Scheide des sechsten und fünften Jahrhunderts, während Conze und Michaelis den Stil der ersten Hälfte des fünften zu erkennen glauben. Auch kann der bei Overbeck, Apollo, Münztafel 1, 10 abgebildete Apollo mit entlastetem linken Bein nicht eines der „ältesten ikonischen Agalmata" (S. 10) wiedergeben, noch weniger I 21.

Den Übergang von der Straffheit zur Nachlässigkeit bildet der Apollo aus dem athenischen Theater (auch am Bologneser Krater Jahrbuch II S. 234).

7) Jeder wird am ehesten an die Votivstatuen von der heiligen Strasse des Didymeions denken. In Profilansicht decken sich die Beine, z. B. auf den Stelen von Chrysapha (Athen. Mitth. II T. 20. 22—24. VII T. 7), einem äginetischen und einem attischen Grabrelief (Ath. Mitth. VIII T. 17; Attische Grabreliefs T. 15, von Furtwängler zwischen 470 und 460 gesetzt, aber wohl älter). Die zwei bekannten „archaischen" Reliefs

der Villa Albani, „Leukothea" und Aphrodite (DAK. II 257 und Roschers Lex. I Sp. 399) zeigen aber beide Beine schräg neben einander; gegen ihr Alter spricht dort das Missverständnis des Arbeitskorbes, welcher als ein Teil des Lehnstuhles gefasst ist, und die Vermengung des Grabsteintypus mit dem der Votivbilder (die Binde ist natürlich für die sitzende Frau bestimmt, nicht für den kleinen Kopf des Mädchens), hier die Dekoration des Altares. In dem beregten Punkte stimmen sie mit rotfigurigen Vasenbildern überein (wie Monum, I T. 52. 53), wie überhaupt zwischen dem strengen Stile der Vasenmalerei und den archaisierenden Reliefs merkwürdige Berührungspunkte bestehen.

Verschiedene Denkmäler erweisen sich durch eine freiere Stellung als nicht archaisch, so die berühmte Penelope, welche ein Knie über dem anderen hat, eine Stellung, welche sonderbarerweise bei den Archäologen Anstoss erregt hat, während sie im Altertum aus guten Gründen für schicklich galt. Die schöne Grabstatue eines Mädchens im Palazzo Barberini (Monum. IX T. 30) kann ich mich nicht entschliessen, der Zeit vor Pheidias zuzuweisen. Zwei melische Thonreliefs „Elektra am Grabe" (wo überdies Orestes den einen Fuss höher aufgestellt hat und Elektra ihr gesenktes Haupt stützt) und „Alkaios vor Sappho" (Alkaios hat kurzes Haar und einen ungeregelten Bart), nicht minder auch die vermeintliche Athena des Endoios, deren unschickliche Stellung nur ein übernaiver Nachahmer zu Stande bringen konnte (vgl. Anm. 54). Den selinuntischen Tempel E weist Benndorf (Metopen S. 26) der Mitte des fünften Jahrhunderts zu, was mit der Haltung des sogenannten Zeus (Benndorf T. VIII) übereinstimmt; aber diese Metope wird manchmal unter den archaischen Denkmälern abgebildet. Die Reliefs von Tegea und Sparta Ath. Mitth. IV T. 7. 8a sind, wie glücklicherweise die Inschrift des letzteren beweist, nicht alt, sondern nur roh.

[8]) Es genügt hier auf die Apollostatuen zu verweisen, weil von den Frauenbildern in Anm. 25 nochmals zu handeln ist. Doch gibt es Frauenbilder ohne aufgenommenes Gewand, wie Heuzey terrescuites du Louvre T. 12, 4 (aus Rhodos); Grabstein aus Larissa, Athen. Mitth. VIII T. 2; s. auch die bronzene Kriegerfigur aus Sparta, Athen. Mitth. III T. 1, 2 Helbig hom. Epos S. ^{2}254, und Grabstelen von Thespiai und Athen (Athen. Mitth. III T. 15, IV T. 1). Die schriftliche Überlieferung eröffnet

diesmal die erwähnten zwei Möglichkeiten der Benennung, indem sie von dem samischen Apollo, einem Werke des Telekles und Theodoros (Diodor 1, 98), und einem Bilde des Pankratiasten Arrhachion in Phigaleia (Pausanias 8, 40, 1. wahrscheinlich nach seinem merkwürdigen Tode in der 54. Olympiade gesetzt) berichtet. Das homerische μακρὰ βιβάς widerspricht diesen Bildern nicht; das Volk denkt sich jederzeit, wie ich mich selbst noch eines solchen Herrschers erinnere, grosse Schritte als etwas königliches. Die rotfigurigen Vasen bewahren gerne die Gleichmässigkeit der Sohlen bei festem Stande (z. B. die unter 7 angeführten).

⁹) Wiederum müssen die Apollobilder mit jenen schriftlich erwähnten zum Exempel dienen. Bei Frauen hat die Haltung etwas starreres, weil sie so leicht eine Hand mit ihrem Gewande beschäftigen könnten; z. B. Statue von der Akropolis (Ἐφημερὶς ἀρχαιολ. 1888 T. 6; Musées d'Ath. T. 10) und von Delos (Bull. de corresp. hell. III T. 1); Sybel, Katalog Nr. 18. 19 u. s. w. In manchen männlichen Bildern ist die Strammheit etwas gelockert, indem der Ellenbogen leicht eingebogen wird (Spartanische Statue, Friederichs-Wolters Nr. 57; Aristionstele).

¹⁰) Wir erinnern an die milesischen Statuen und das durch Stackelberg bekannt gemachte Athenabildchen aus Thon.

¹¹) Was man aus Griechenland anführen kann, sind Nachbildungen von Idolen, welche man Aphrodite nennt (vergl. Bernoulli, Aphrodite S. 64 ff.). z. B. Stackelberg, Gräber T. 83. 94, auch 57, 2. 69), Kekulé, die antiken Terracotten T. 4. 2. 3. Doch verdienen diese Bilder, die keineswegs Abbildungen von Originalen sein sollen, überhaupt wenig Zutrauen, wie eines zeigt, an welchem der Arm über den Kopf gelegt ist (Clarac 632 b, 1422 f). Die stilisierte Aphrodite von Pompeji (Museo Borbonico IV 54, Baumeisters Denkm. S. 88) hielt wohl eine Blume in der Hand (s Anm. 24).

¹²) Das Vorhalten der Attribute ist so verbreitet, dass es eine eigene Untersuchung beansprucht, die wohl von Overbeck erwartet werden darf. Wir wollen nur bemerken, dass der fremdartige Eindruck sich besonders fühlbar macht, wenn der Gott beide Arme vorhält. Zur richtigen historischen Beurteilung mag die Notiz beitragen, dass gleichartige Götterbilder in assyrischen Reliefs abgebildet sind (Perrot, histoire de l'art II F. 13 u. 14).

¹³) Man sehe den sogenannten „Apollo auf dem Omphalos" (Wolters Nr. 219), eine spartanische Figur, Athen. Mitth. 2. 300 (Apollo?) und den Knabentorso von der Akropolis (Wolters Nr. 192), mit welchem der im vorigen Programm auf T. 3 bekannt gemachte Torso in diesem Punkte übereinstimmt. Vergl. auch Overbeck, Apollo Münztafel I 9. 22. 23. Der Apollo von Ince (Archäol. Ztg. 1874 T. 2, Wolters 499) erweist sich durch sein Mädchengesicht und die sonderbar eckige Form der alten Haartracht als altertümelnd.

¹⁴) Den ersten Platz verdient die berühmte Bronze der Tübinger Sammlung, welche man jetzt Wagenlenker statt Amphiaraos nennt; aber ein nackter Wagenlenker mit Helm kann nur ein Heros sein. Wie kämen auch unbemittelte Leute dazu, Votivbilder eines Wagenlenkers zu weihen? Sie liessen doch keine Gespanne laufen und damals gab es noch keine Bookmakers, welche das Wettfieber unter der gaffenden Menge erregten. Auch die anderen Bronzen (z. B. die im Jahrbuch des archäol. Institutes I. S. 173 schief abgebildete) müssen Heroen darstellen. „Die wagenbesteigende Frau" ist selbstverständlich eine Göttin wie die des Reliefs von Atalante (Bull. de corr. hell. III T. 13, wo die Bewegung falsch beschrieben wird) und die Wagenlenkerin auf Münzen (z. B. von Gela vor 463, Head historia Fig. 75; Syrakus vor 500 Head F. 92, 500—478 F. 93 u. s. w.). Auch in Wien halten sich die guten Kutscher vorgebeugt. Die eingeknickte Stellung der Knice war auch sonst, wenn die Handlung das Bücken erfordert, nicht verpönt (s. die Abb. im Jahrbuch des arch. Inst. 1890 S. 46 und die von Studniczka dort erwähnten Parallelen).

¹⁵) Nicht selten auf Vasen (z. B. einer schwarzfigurigen Lekythos aus Griechenland (Gazette archéol. 1884 T. 1.2) und Münzen (wie von Potidaia, Head hist. Fig. 130); die Athena des Westgiebels von Aigina ist nicht bloss halb zur Seite gewandt (man könnte dies sonst nur daraus erklären, dass die Giebelfiguren aus Giebelreliefs entstanden sind), sondern sie hält auch ihren Speer kampfbereit, ein Zeichen, dass sie zu Gunsten der einen Partei eingreift. Von der Seite stellt sie in der gleichen Situation die chalkidische Geryonesvase dar (Gerhard, auserl. Vasenb. II T. 105,6).

¹⁶) Ein gutes Beispiel lieferte die Gruppe der Tyrannenmörder, wenn sie Original wäre; an den Vorkämpfern der Giebel von Aigina sind die Beine ganz oder teilweise ergänzt.

¹⁷) Über das Laufen s. meine „Gebärden der Griechen und Römer" S. 268; die Bewegung des Fliegens (s. Gerhard, akad. Abh. S. 157 ff. T. 9 ff.) wird leider noch immer „Knieen" genannt (vgl. E. Curtius, Die knieenden Figuren der altgriechischen Kunst, Winckelmannsprogramm 1869). In Griechenland kommt diese Stellung naturgemäss meist bei Gorgonen vor (Furtwängler in Roscher's Lexikon I Sp. 1709 ff.), doch auch bei Eris (Roscher I Sp. 1338), Seelen (ebendort Sp. 1923), den Boreaden (an der Würzburger Phineusschale u. s. w.). Solche Figuren eigneten sich vortrefflich zur Ausfüllung eines runden Raumes, also einer Schale oder der Fläche eines Spiegels. Wenn aber ein Archaist der Aphrodite in dem oben erwähnten Relief einen Spiegel mit einem „knieenden" Manne in die Hand gab, hätte er die Flügel nicht vergessen sollen. Auf den persischen Dareiken erscheint allerdings der König auch ohne Flügel; aber hier half die orientalische Phantasie nach. Asarhaddon z. B. sagt von sich: „Gleich dem (Raubvogel) sirinnu, wenn er seine Schwingen ausbreitet, öffnete ich, um niederzuwerfen meine Widersacher, meine Fänge" (Hommel, Gesch. Babyloniens u. Assyriens S. 269). Dagegen zeigen die persischen Münzen von Mallos schon seit 520 v. Chr. Flügelfiguren mit gesenktem Knie (Imhoof monnaies gr. T. G 1. 2. choix T. 5, 179; Annales de numism. 1883 T. 5, 1; Head historia Fig. 323, natürlich mit der Beschreibung „kneeling on one knee"). Die Stellung des wirklich knieenden Apollo (oder Hyakinthos?) auf Münzen von Tarent (Overbeck, Apollo, Münztafel III 1, vgl. Furtwängler, philol. Wochenschrift 1891, Sp. 728) weicht wesentlich ab. Auf der Würzburger Phineusschale und der Schüssel von Aigina sehen die Harpyien aus, als ob sie flink liefen (Arch. Ztg. 1882 T. 9   Roscher's Lex. I Sp. 1843); ebenso noch Nike auf Münzen von Elis, welche Gardner und Head (Fig. 227, 228) jedenfalls zu spät zwischen 480 und 421 ansetzen. Am Ausgang der archaischen Zeit wird das Fliegen durch kurzen Lauf ausgedrückt (z. B. auf einer Syrakusaner Münze aus den Jahren 500–478, Head Fig. 93); seit 480 dagegen ist die noch jetzt übliche Konventionalität eingeführt. Alte Dichter vermengen gerne Lauf und Flug, woher Aischylos (Perser 207–8) selbst von einem Vogel sagt: δρόμῳ πτεροῖς ἐφορμαίνοντα.

18) Ich meine das eine der oft, aber ziemlich resultatlos besprochenen Basisreliefs von Sparta, welches an die häufig wiederkehrenden Abschlachtungen von Ungeheuern durch orientalische Herrscher (z. B. in Persepolis Perrot V Fig. 545, 547, 826) erinnert. Die fliehenden Nereiden des Frieses von Assos sehen wie ein Opernchor aus.

19) Das Lächeln ist so allgemein, dass wir keine Beispiele aus Griechenland oder dem Oriente geben zu müssen glauben, ausser dass etwa die letzten Ausläufer, „Kladeos" von Olympia, der Weber'sche Kopf vom Parthenon und ein Relief von Abdera (Athen. Mitth. VIII T. 6, 3), alle mit neueren Haartrachten, Erwähnung verdienen. Der Grad desselben differiert freilich stark, von feinem Lächeln bis zum Grinsen (wie des Dionysos im sicilischen Naxos, Head historia Fig. 85). Erwünschter dürften ein paar Dichterstellen sein: Zuerst die homerische Verwendung von μειλίχος, dann μειλιχόμειδε Σκαιραί bei Alkaios 55, 1, μειδιάσαισ᾽ ἀθανάτῳ προσώπῳ bei Sappho 1, 14 (zum Beginne des Gespräches). Die Moden kehren immer wieder; von dem jetzigen Beherrscher der französischen Mode schrieb kürzlich der Figaro: Partout il affecte le même sourire mélancolique.

Das gnädige Lächeln der Götter sollte allerdings mehr als eine Form sein, s. Gebärden der Griechen und Römer S. 314 f.

20) Wie eine Illustration der berühmten homerischen Stelle (Ilias 7. 212 μειδιόων βλοσυροῖσι προσώπασι) sehen die zwei alten Kriegerköpfe von Olympia aus; nicht zu verwechseln ist jedoch damit das verächtliche Lächeln, welches der belvederische Apollo zeigt, wie der philostratische vor Phorbas und Dionysos unter den Seeräubern nach dem homerischen Hymnus (V. 17), eine Feinheit, welche der alexandrinischen Poesie eigen zu sein scheint (Theokrit 1, 95; Horaz Od. 3, 27, 67). Die Sterbenden der Giebel von Aigina und vom megarischen Schatzhause lächeln.

21) Abgesehen von Vasenbildern, (z. B. rotfigurigen Mon. I 23. II 10) reichen das Relief von Thasos und der Grabstein der zwei Thessalierinnen zum Beweise aus.

22) Als ich in den „Gebärden der Griechen und Römer" S. 81 von dieser Art des Führens handelte, war mir noch nicht ganz klar, wie höfisch die homerische Sitte (ἐπὶ καρπῷ) sei.

²⁵) Das Halten einer Blume ist bekanntlich sehr häufig. Ausser den Reliefs von Thasos, Pharsalos und Rosarno (einem späteren aus Tegea Ath. Mitth. IV T. 7), sowie einem spartanischen Bruchstücke (Nr. 66) veranschaulichen es zahlreiche Einzelfiguren, welche man gewöhnlich Aphrodite nennt (z. B. Archäol.-epigraph. Mitteilungen II T. 8). Die Bronzeschale von Idalion und den kleinen „homerischen" Hymnus auf die Aphrodite von Salamis lasse ich wegen des Ursprungslandes, welches länger im Orientalentum stecken blieb, bei Seite. Sehr zahlreich sind auch die Vasenbilder bis zum strengen rotfigurigen Stil einschliesslich (z. B. von Euxitheos, Nr. 2 Klein und Sikanos, Röm. Mittheil. III T. 1). Euxitheos gibt auch dem Hermes eine Blume, während sonst Männer selten Blumen tragen; doch besitzt Göttingen einen Herakles mit Blume (Roschers Lexikon I Sp. 2149, 54). Das Harpyienmonument zähle ich als lykisch nicht mit; gleich diesem zeigt das Reliefbild einer athenischen Schale (Archäol. Ztg. 31, 109; Robert, archäologische Märchen S. 159), wo Artemis an der Blume riecht, die Verwendung. Dass man diesen Moment gerade für ein Kultbild wählte, scheint mir zweifelhaft. Die Blume an sich war freilich nicht unpassend, wie das elische Tempelbild einer Charis beweist (Pausanias 6, 24, 6). Eine andere der Chariten hielt einen Myrtenzweig, wie denn strengrotfigurige Vasen nicht selten Blütenranken zeigen (z. B. das Parisurteil von Hieron Nr. 14 Klein, Hestia an der erwähnten Vase des Euxitheos u. s. w., ebenso die polychrome Europavase älteren Stils, Roschers Lexikon I Sp. 1415). Daher kommt in Archilochos' Schilderung seiner Geliebten der Zug vor: „Sie vergnügte sich, einen Myrtenzweig und eine Rosenblüte in der Hand" (29, 1. 2). Auch ein Granatapfel oder eine andere duftende Frucht mag die Stelle der Blume vertreten, so an der Aphroditestatue des Kanachos, dem berühmten Heroenrelief von Chrysapha und einem Grabsteine von Larissa (Athen. Mitth. 8, 2; zur Inschrift s. Wolters' Gypsabgüsse Nr. 40 und Collitz, Dialektinschriften Nr. 345; dass auch Männer nicht ausgeschlossen sind, sehen wir bei einem spartanischen Heroenrelief (Wolters 60) und einem Grabsteine aus Thespiai (Athen. Mittheil. 3, 15 in der gesenkten Hand), denen ein Bild des assyrischen Königs Assurbanipal vorausgeht (Perrot II T. 10). Diese Mode hielt etwas länger an. Am Zeusthrone in Olympia sah man zwei Hesperiden, d. h. zwei Frauengestalten mit Äpfeln (Paus. 5, 11, 6). In Olympia standen eine Statue des Athleten Theomnestos von Ptolichos

(Pausan. 6, 9, 1), einen Pinienzapfen und einen Granatapfel in den Händen haltend, und die bekannte Figur von Pythagoras „Nackter mit Äpfeln" (Plinius 34, 59; eine andere Übersetzung lässt der Text nicht zu, dagegen besteht die Möglichkeit, dass die Figur den mythischen Gründer Olympias oder Atlas mit den Hesperidenäpfeln nach Art der Metope vorstellte); was jedoch Pausanias von Milon sagt (6, 14, 5 ff.), bezieht sich nicht auf ein Bild. Wir kennen leider die Gründe dieser olympischen Darstellungen nicht, da der pythische Branch schwerlich in Olympia abgebildet worden wäre.

24) Die zärtliche Haltung ist freilich in der echt altertümlichen Kunst durch technische Schwierigkeiten veranlasst; deshalb wandte man sie für kleine Terrakottafiguren, wo ein vorgestreckter Arm die Formung erschwert hätte, auch noch später an (z. B. Stackelberg Gräber T. 63, 1; Annali 1858 T. O); die alten Figuren mit einer Taube wird man richtig Aphrodite genannt haben (z. B. Longpérier, Musée Napoléon III. T. 26 Roscher Sp. 409; Heuzey terrescuites du Louvre T. 12, 5). Der kyprische Kalkstein machte gleichfalls die geschlossene Haltung wünschenswert (z. B. Helbig, das homerische Epos S. ²269). Aus der Kalksteintechnik dürfte die eigenartige Akropolisfigur, abgeb. Musées d'Ath. T. 9, hervorgegangen sein.

25) Sappho sang gegen eine gewisse Andromeda: Τίς δ' ἀγροιῶτις τοι θέλγει νόον οὐκ ἐπισταμένα τὰ βράκε' ἕλκην ἐπὶ τῶν σφύρων; (70). Man kann die Beispiele kaum alle erschöpfen; wichtiger als eine Aufzählung ist es, zu betonen, dass das Aufheben des Gewandes sich immer mit dem Gehen verbindet. Die Frauen heben den langen Rock oder Überwurf auf, um ihn im Schreiten nicht auf dem Boden zu schleifen; sonderbarer Weise haben manche gemeint, nur Aphrodite habe diese Vorsichtsmassregel angewendet. Leider kann sie aber zur Benennung der Figuren nicht das geringste beitragen. Die erste Nennung verdienen die Statuen: Unter der ermüdenden Reihe des Akropolismuseums (z. B. Musées d'Ath. V, Hand vor dem Körper) zieht nur ein Bild, weil die Urheberschaft des Antenor sehr wahrscheinlich ist, unsere Aufmerksamkeit auf sich. Schon früher hatte man von den Wiederholungen des Typus einen Torso (Sybel 5009, Wolters 115) gekannt. Die Sosandra des Kalamis ist leider verloren. Dagegen hat Delos eine ähnliche Serie geliefert (Theoph. Homolle, de antiquissimis Dianae simulacris Deliacis, thèse von Paris 1885). Von den

kleineren Bildwerken erwähnen wir zuerst die zwei mit den äginetischen Giebelgruppen zusammen gefundenen Statuetten (Clarac 818, 2057, 2059, Glyptothek 70 ab). Bronzen sind nicht selten, z. B. aus Paestum, mit einer Inschrift, die um 500 angesetzt wird; Stackelberg Gräber T. 72, 4. 5; Gerhard akad. Abh. T. 31, 6. 36, 6; ferner Spiegelstützen (in Karlsruhe. Schumacher, Bronzen T. 24 — Arch. Anz. 1890 S. 6, angeblich Mitte des fünften Jahrhunderts; Breslau O. Rossbach, griechische Antiken T. 2, 1 mit S. 36 ff.; aus Kroton, Bullettino Napoletano n. s. II T. 3 Gerhard, etr. Spiegel T. 243a. Die beiden letzten Abbildungen lassen im unklaren, ob der eine Fuss etwas vorgesetzt ist); ebenso häufig sind die Terrakotten (Stackelberg T. 57; Heuzey, terrescuites du Louvre T. 12, 5; Frau mit Hydria aus Tegea, Nuove memorie T. 6, 6; Bullett. d. comm. com. 1881 S. 120 f.), denen auch phönikische Vorbilder nicht fehlen (z. B. Perrot III Fig. 142). In der Fläche kommt die Haltung ziemlich selten vor (z. B. im Relief von Rosarno; schwarzfigurige Vase, Gerhard akadem. Abh. T. 70, 1. 2.). Sie hat wieder verschiedene Modalitäten, je nachdem die Hand auf der Seite des zurück- oder des vorgestellten Beines das Kleid fasst, oder jenachdem dieselbe stark zugreift; die Wirkung des letzteren macht sich bemerklar teils am Gewandzipfel, teils am Fusse. Bei starkem Ausschreiten oder Laufen wird natürlich das Kleid höher gezogen (z. B. auf der berühmten Münze von Aineia; Nike auf Münzen von Katane und Elis, Head hist. Fig. 71 und 227); in dem Antaiosbilde des Euphronios). Den Text dazu liefert der Demeterhymnus: *ἃ ἐπαχθέντα ἱανῶν πτύχας ἡμφίενον ἧτορ* (V. 176 f.). Später halten fliegende Figuren ihr Kleid an beiden Seiten, Bronze von Herculaneum, (Bronzes T. 24 Clarac 456, 837; eine andere Gaz. archéol. 1884 T. 25; von vorne gesehen auf einem Scarabäus aus Orvieto, Arch. Ztg. 1877 T. 11, 3, nach dem Herausgeber S. 117 „kniend").

Die seltsamsten Missverständnisse rief die Art, wie griechische Frauen in ihr Obergewand sich einhüllten, hervor. Wenn die Bürgersfrau in der Öffentlichkeit erscheint, zieht sie nach der Odyssee den Schleier oder, damit wir kein Missverständnis zulassen, das Kopftuch vor beide Wangen. Petersen (Kunst des Pheidias S. 249, 1) und Studniczka (Beiträge zur Geschichte der altgriechischen Tracht S. 126 f.), welche von Enthüllung sprechen, dürften übersehen haben, dass Penelope nicht auf der Strasse grüsst, sondern aus ihrem Privatzimmer, wo sie natürlich ohne Überwurf weilt, herauskommt. Jeder Künstler, welcher auf die Beschauer Rücksicht nahm, musste diese Sitte beibehalten, was freilich nicht ganz möglich war, weil man bei Profilstellung dann das Gesicht nicht gesehen hätte. Hier trat der Kompromiss ein, dass nur an der dem Beschauer abgewandten Seite das Kopftuch vorgehalten wurde. Der Brauch des wirklichen Lebens hat in Chalkedon die einseitige Verschleierung gestattet (nach Plutarch in den griechischen Fragen K. 49). Zahlreiche Beispiele liefern die Vasen altertümlichen Stiles (vgl. Helbig, das hom. Epos S. 217; Studniczka a. O. 126 A. 9; Vase des Sophilos Athen. Mitth. 1889 T. 1), einige auch die Reliefs, wie das alte von Chrysapha (Friederichs-Wolters Nr. 58 „zieht mit der Linken den Mantel vom Kopfe weg", mit ähnlicher Energie ein jüngeres, Athen. Mitth. II T. 24), Grabstein der Polyxenaia aus Larissa Athen. Mitth. VIII T. 2. Dieser Brauch reicht noch in die Zeit der freien Kunst hinein, wofür ich die Zeusmetope von Selinunt (Zeus hindert Hera daran; Benndorf S. 55 „gebieterisch hat er das vor ihm stehende Weib am Gelenk der linken Hand gefasst und sie genöthigt, sich ihm zu entschleiern"), den Bilderschmuck des Parthenon, attische Grabreliefs, sowie solche aus anderen Gegenden (z. B. aus Patras, Roschers Lexik. I Sp. 257 und Tegea [s. A. 7] Athen. Mitth. IV T. 7; Milchhöfer „während die Linke den Schleier lüftet," Wolters Nr. 51, „den Schleier vom Kopfe ziehend") anführen will.

Genau den gleichen Sinn hat die Emporziehung des Obergewandes hinter der Schulter, welche ebenfalls in der seltsamsten Weise missdeutet worden ist. Durch die archaische Periode ist diese anmutige Situation freilich nicht begrenzt; kehrt sie doch auch in unseren Tagen manchmal wieder. So schreibt Felix Vogt von einem im diesjährigen Salon des Marsfeldes ausgestellten Porträt von Besnard: „Die eine Dame zieht mit konventioneller Anmut einen Spitzenschleier über ihre blossen Schultern."

26) Beispiele sind hier überflüssig; wünschenswert schiene mir allerdings ein Überblick über die Verbreitung der sogenannten jonischen Tracht, wenn dieser nicht ausführliche Erörterungen über die Thesen Studniczkas erforderte, wofür hier kein Platz ist.

27) Eigentlich überschreitet auch eine Behandlung der alten Frisuren den Rahmen dieser Abhandlung, doch wird es mir niemand verargen, wenn

ich hier, nachdem das ebenso konfuse als inhaltsreiche Buch von Joh. Heinr. Krause (Plotina, Lpg. 1858) noch nicht ersetzt ist, eine Skizze vorlege und für jeden Typus einige Beispiele anführe. Die Vasenmalereien sind wegen ihrer meist nachlässigen Ausführung nur beiläufig zu verwenden. Auch die ehemals bemalten Skulpturen gewähren in ihrem heutigen Zustande nur ein ungünstiges Material.

Das Wesen der archaischen Frisur macht die künstliche Einteilung des Haares in Flechten oder Locken aus. Jene wurden mit der Hand, wie Binsenstroh, geflochten (πλόκαμος, πλοκμός, πλόκος, πλοκαμίς, πλοκύς, πλέκω, πλοκίζω, πλοκαμώδης u. s. w.), während die anderen über einen walzenförmigen Gegenstand gedreht wurden (σπεῖρα, ἑλίκαμπα, πηνίκη). Die Archäologen pflegen die ersteren wegen ihrer Einkerbung „eckige oder perlenschnurartige Locken" zu nennen, während sich der Name „Flechte" empfiehlt; wir finden Flechten, die auf die Brust oder Schulter herabfallen, an Männern je eine oder zwei: in mehreren spartanischen Reliefs (Athen. Mitth. II S. 316 T. 20; VII T. 7), dagegen je drei oder vier bei Frauen: an der Sphinx von Spata, Statuen von der Akropolis (Bruckmann-Bruno T. 22. 57; Musées d'Ath. T. 5. 6. 7), einer angeblich archaischen Figur in Athen (Sybel, Katalog Nr. 19), Medusa in der selinuntischen Metope. Auf ein altes Bild muss sich das Citat des Polydeukes παραπλοκμίνη, 'Aθηνᾶ (2, 35) beziehen.

Eine Erweiterung dieser Sitte bedeutet eine Haartracht, bei welcher das ganze Haar oder wenigstens das vom Hinterkopf herabfallende in Flechten gelegt wurde (Frauenstatue von der Akropolis, Musées d'Ath. T. 8); dies scheint angedeutet durch die sich kreuzenden Linien des „Apollo" von Thera oder mindestens durch wagrechte, welche bald den Hinterkopf (Grabstein des Diskoswerfers in Athen, Wolters 99 und von Korscia, Wolters 46) bald das ganze Haupt (Flötenspieler von Dodona [Rayet monum. de l'art T. 17], und Talthybiosrelief) überziehen. Pindars Iason fallen die πλόκαμοι über den ganzen Nacken herab (Pyth. 4, 82).

Ihr gegenüber steht die eigentliche Lockentracht, welche viel grössere Verbreitung gefunden hat: Bei Männern je eine an einem spartanischen Standbilde (Athen. Mitth. 2, 298), einer Bronze von Olympia (Bronzen T. 7, 48) und punisch (Perrot hist. IV Fig. 65. 66. 68), je zwei in der spartanischen Basis mit Menelaos und Helena; bronzener Läufer von Dodona

(Rayet mon. T. 17), (ebenso in Kleinasien und bei den Puniern Perrot hist. IV Fig. 353. 52. 62); je drei: Apollobronze von Naxos; der Kalbträger; Tragödienspieler bei Alb. Müller, die griech. Bühnenalterthümer S. 228 Fig. 14. — Bei Frauen je eine an Astartefiguren häufig, je zwei: Terrakotten aus Rhodos Heuzey, terrescuites du Louvre T. 12, 4. 5; Musée Napoléon pl. 26 Roschers Lex. I Sp. 409; Athenafigur, Sybel 5070; je drei: Bronzen von Olympia T. 7, 88 Ausgr. IV T. 26 A; je vier: Athena in einem Votivrelief Bruckmann-Brunn Lief. 17; Musées d'Ath. T. 2. 3; (Athena des „Endoios"); je vier und eine fünfte auf der Schulter, Statue aus Delos Bull. corr. hell. III T. 17.

Kurze Locken vor dem Ohr (παρωτίδες) sind in alter Zeit äusserst selten gebräuchlich, z. B. an der Frau des Reliefs von Chrysapha und auf der schwarzfigurigen Vase Mon. III 44; die Münzen zeigen sie erst in der Zeit, wo die alte Lockentracht aus der Mode gekommen war (Dionysos im sikelischen Naxos, 461—415 Head Fig. 86, in dessen Tochterstadt Leontinoi Apollo 500—466 Head Fig. 79 doppelt).

Auch hier findet sich wieder die entsprechende Behandlung des Hinterkopfes oder des ganzen Hauptes. Ersteres zeigen der „Apollo" von Tenea, Orchomenos, Ptoon, der Gott auf einer Münze von Kaulonia (Nuove memorie I T. 7, weniger deutlich bei Head hist. Fig. 52), wie assyrische Gefangene in der Zeit des Sanherib (Layard monuments II 26 = Perrot hist. II Fig. 253), an Frauen die delische Nike, die spartanische Basis mit der Umarmung, eine Statuette von Aigina (Sybel 18), ein Torso (Sybel 19) u. s. w. Einen vollständigen Lockenkopf dagegen haben Aristion von Marathon, die Kerkopen und ein abgebrochener Kopf vom selinuntischen Tempel C, der Rest einer Athletenfigur im Besitz von Rampin (Mon grecs 1878 T. 1 Rayet I T. 18), gleich assyrischen Soldaten (Perrot II Fig. 256).

Wie sich Flechten und Locken historisch oder lokal zu einander verhalten, ist mir noch nicht klar; Homer schreibt die erstere Art Hera zu (Il. Ξ 176), die letztere einem troischen Führer (Ilias P 51). Da diese beiden Stellen vereinzelt stehen, ist nicht ersichtlich, ob der Unterschied auf dem Geschlechte oder der Nationalität beruht; die spöttische Bemerkung gegen einen Asiaten B 872 gehört nämlich nicht hierher, da sie sich auf Armreife und Ohrringe bezieht. Von Schulterlocken redet Archilochos in der Schilderung seiner Ungetreuen (29, 2).

28) Die Spiralen, welche man für Lockenhalter ansieht, haben sich gefunden erstens in Stätten der Heroenzeit (Mykene und Troja), zweitens in Etrurien, ausserdem aber zu Olympia und in Böotien (Helbig, hom. Epos S. 242 ff.). Leider ist die Zeit der griechischen Funde nicht zu bestimmen.

29) Flechten oder Locken sind für Leute, welche viel Zeit haben, recht, und dann passen sie für solche, die sich wenig bewegen. Als bewegtere Zeiten kamen, brauchte man einfachere und mehr strapazierbare Moden. Der Grieche fährt noch eine Zeitlang fort, das Haar lang wachsen zu lassen, aber, wenn wir nachlässige Zeichnungen bei Seite lassen, scheint es, dass es nicht ohne weiteres hinabflattern durfte, sondern in irgend einer Weise aufgebunden wurde. Von der langen Beutelform (Hermes im Relief von Thasos; melische Terrakotte Millingen unedited mon. T. 2; Göttin auf Münzen von Syrakus um 479 Head Fig. 94) schreiten die Griechen zu einer kürzeren vor (unter dem Helm, Attische Grabreliefs T. 6, Athene auf athenischen Münzen seit etwa 590, Head F. 209. 212—4, Kyzikos 500 bis 480 Head 271, ebenso Göttin auf Münzen von Cumae 480?—423, Head Fig. 95; mit einer Art Quaste am Ende Imhoof, monnaies grecques E. 6 S. 186). Durch mehrmaliges Unterbinden dieses Haarbeutels können wunderliche Formen erzielt werden, wie solche die Athene der selinuntischen Metope und der junge Athener mit dem Diskos (Att. Grabreliefs T. 4) zu tragen scheinen. Die letztere Form hiess von ihrer Ähnlichkeit mit dem Schwanze eines Skorpion σκορπίος. Häufig erscheint die Form, dass das Haar aussen aufgenommen und die Enden am Hinterhauptshöcker festgehalten werden. Für Männer ist dies durch den bronzenen Zeuskopf von Olympia (Ausgrabungen IV T. 1), die Apollofigur aus Naxos und attische Reliefs (Nuove memorie T. 13 AB) gesichert; Conze (Nuove memorie p. 488 ff.) wählt hiefür den Namen Krobylos.

Zu dem gleichen Resultate bin ich auf philologischem Wege gekommen. Dass die Erklärungen späterer Grammatiker von der Stelle des Thukydides abhängen, weshalb sie den Krobylos auf die Athener beschränken und den Passus nach eigenen Vermutungen erklären, liegt auf der Hand. Somit können nur folgende Stellen massgebend sein: χρυσῶν τεττίγων ἑτέρα

κρωβύλον ἀναδούμενοι τῶν ἐν τῇ κεφαλῇ τριχῶν (Thukydides 1. 6), κρωβύ-
λους ἀναδούμενοι τῶν τριχῶν χρυσοῖς τέττιξι περὶ τὸ μέτωπον καὶ τὰς
κόμας (Birt und Kaibel κόρρας) ἐφόρουν (Herakleides bei Athenaios XII
512 c), sodann die bekannten Verse des Asios, welche bisher freilich in ver-
kehrter Ordnung gedruckt wurden; es muss heissen:
    Χαῖτα δ' ἠωρεῦντ' ἀνέμῳ χρυσέαις ἐνὶ δεσμοῖς,
    Χρύσεαι δὲ κορύμβαι ἐπ' αὐτῶν τέττιγες ὥς.
Diese Stellen können nichts anderes ergeben, als dass die Jonier das
Haar am Hinterkopf aufnahmen und es, indem ein „Schopf" nach hinten
vorragte, durch eine um die Stirne und über das Kopfhaar laufende Binde
festhielten. Weil auf dieser goldene Cikaden (wie man sie in Südrussland
gefunden hat, Antiqu. du Bosph. cimm. S. 22 Fig. 20. 21) angebracht
waren, hiess sie τέττιγες; durch deren Mehrheit erklärt sich auch das aristo-
phanische τεττίγων ἀνάμεστα (Wolken V. 984). Überhaupt hat Thukydides
die ganze Stelle aus dem Lustspiel geschöpft. Missbräuchlich wurde der
Name κρωβύλος auch auf die Form der Binde selbst ausgedehnt (Xeno-
phon. Anabasis 5. 4. 13 und die gleich zu citierende Stelle). Auf Cypern
hiess die Tracht κορδύλη, in Persien Kidaris (nach dem Aristophaneserklärer
im sogen. Etymologicum magnum S. 310. ff.).

Eine eigentümliche Abart zeigt der Bronzekopf aus Kythera (Arch.
Ztg. 1876 T. 3). Frauen tragen diese Frisur etwas häufiger, sowohl in dem
von der wagenbesteigenden Göttin benannten Relief u. einer olympischen
Bronze T. 7, 55, als auf Münzen von Sicilien und Unteritalien (von Segesta
500—480, Head Fig. 88, Terina 480?—470 Fig. 64, Velia 500—450
Fig. 49, später umgebildet Syrakus 480—415 Fig. 95, Pandosia um 450,
Fig. 60, Triobol von Phokis in dem hiesigen Münzkabinet). Mit der
Datierung stimmt eine unbeachtete Stelle Pindars überein: ὅπως' ἀθρόαι
στέφανοι ἀνέδησαν ἔθειραι (Isthm. 5 [4], 8. 9).

Junge Männer legten zwei Zöpfe kranzartig als Ersatz der Haar-
binde um den Kopf, wobei sie vorne die Haare darüber herabstrichen:
Jünglingskopf von der Akropolis, Ἐφημ. ἀρχ. 1888 T. 2 (s. darüber Sophu-
lis Sp. 82); Zugreifender vom Ostgiebel in Aigina (ein Thallophore am
Parthenonfries Michaelis T 12, 41, Athen. Mitth. VIII T. 11. 3?); (Zeus
in der Metope von Selinus?); Hermes auf Münzen von Ainos 450—400
Head Fig. 156, Imhoof Choix I 4. Zwei Zöpfe nebeneinander sieht man

am Hinterkopfe verschiedener Apollobilder (auf Münzen von Kolophon unter der persischen Herrschaft, Friedländer und Sallet Münzkabinet Nr. ²77, British Mus. guide pl. 11, 30, ähnlich Jünglinge auf der bekannten rotfigurigen Vase Monum. I 52 und der polychromen Schale des Euphronios, Jahrbuch II S. 235; ferner der von Conze, Beiträge zur Gesch. der griech. Plastik T. 3—8 S. 17 ff. veröffentlichte Typus; Jünglingskopf in Berlin Nr. 540; Apollo Baracco Annali 1880 p. 200). Mit einem dreifachen Zopfe sogar zeigt den Melkarth eine Münze von Arados (Head Fig. 349), den Apollo Münzen von Leontinoi 500—466, Head Fig. 79, Roschers Lex. I Sp. 455, Overbeck II 2. 3. Schreiber (Athen. Mitth. Bd. VIII S. 247 ff.) sieht in dieser Frisur den Krobylos. Die Form der Zöpfe ist natürlich nicht immer gleich, da es gewiss damals wie heute verschiedene Arten gab.

²⁹) In kleinen Bildchen bringt einen ähnlichen Eindruck die Mode hervor, Haare um die Kopfbinde zu rollen, gründlich behandelt von Furtwängler im 50. Winckelmannsprogramm der archäologischen Gesellschaft S. 128 ff. (vgl. auch Jünglingskopf von der Akropolis Athen. Mitth. VII T. 9. 1. am Hinterkopf: $Ἐφημ. ἀρχ.$ 1888 T. 3. auf den Ath. Mitth. 1880 T. 1 veröffentlichen Rumpf gehörig; Jünglingskopf (nach Brunn nordgriechisch) Athen. Mitth. VIII T. 6. 1. 2; Aktaion in der Metope von Selinus (Benndorf T. 9). sehr häufig an Apolloköpfen von nicht sehr alten Münzen, in Verbindung mit dem Aufnehmen des Haares an einem Kopf des Laterans Nr. 112.

Endlich kennt man aus Homer das Horn ($ζίφος$ oder $ξίφος$), die künstliche Erhöhung des imponierenden Aussehens, welche den gehörnten Göttern und Unholden entsprach (Ilias A 385; $κοφυϑαίστης$ Archilochos 57); wir sehen sie noch auf Didrachmen von Tarent (500—473, Head Fig. 26). Rotfigurige Vasenbilder zeigen sehr gerne vorspringendes Haar. Wie alles bald da, bald dort wiederkehrt, gibt es solche „Hornbildner" in Süditalien, welche Michetti's Bild „I morticini della febbre (im Lichtdruck The Art Journal 1887 p. 41) vor Augen führt. Aristoteles hatte bei Erwägung jener Homerstelle die Frisur nicht gekannt, wohl aber Aristarch, was zu unserer S. 10 gemachten Beobachtung stimmen dürfte.

Zum Schlusse der Periode wurden die festen Formen der Frisur, welche keine Berührung ertrugen, aufgegeben. An der Scheide der alten gebundenen Tracht und der anmutigen Zwanglosigkeit stehen die aufgelösten Locken, in den rotfigurigen Vasen strengen Stiles ein gewöhnliches Attribut von Frauen und Knaben, indes zu Athen auch sonst erscheinend und zwar teilweise in Monumenten, die für sehr alt gelten, wie Musées d'Ath. T. 1 (sämtliche mit Halbierungslinien). 10. 13. 14 Jahrbuch II T. 13, 14 ebenso), dem Nikebilde von der Akropolis, abgeb. Ἐφημ. ἀρχ. 1888 Sp. 89 f., ähnlich S. 91 f.; Apollostatuette im brittischen Museum, Overbeck Apollo S. 24; Bronzestatuette der Athene aus Athen und wahrscheinlich auch in dem Relief aus dem stammverwandten Thasos. Die meisten Repliken der Athena Parthenos haben je zwei freie Locken, nur die Goldmedaillons gedrehte. Die Athena des Westgiebels von Aigina scheint sogar das Haar fessellos im Nacken gehabt zu haben; indes mahnen Wagner's Bemerkungen (Bericht S. 28) zur Vorsicht, die auch in ähnlichen Fällen angezeigt sein dürfte, ausser wenn Trauernde dargestellt sind.

Nach diesen Betrachtungen ergibt sich von selbst das Urteil über manche archaisch genannte Denkmäler, welche schon die freie Haartracht zeigen: Die Grabsteine von Orchomenos und Neapel und die Kopie der Tyrannenmörder. Der männliche Bronzekopf von der Akropolis (Musées d'Athènes T. 15) hatte angeheftete Stücke. Furtwänglers Behauptung, Herakles sei eigentlich nie mit langem Haar abgebildet worden, macht eine Nachprüfung erwünscht. Die Geschichte des Hermestypus stimmt nicht ganz dazu; die Altertümlichkeit des Reliefs von Rosarno möchte ich nicht verbürgen.

Der keilförmige Bart, welcher von Zeit zu Zeit, z. B. vor einigen Jahren wieder modern geworden ist, reicht bis in die klassische Periode herein (so an Atlas von der olympischen Hesperidenmetope; Münze von Kyrene 480–431, Head Fig. 388). Seine Heimat dürfte Phönikien gewesen sein; wenigstens blieb er in Nordafrika bis zur Römerzeit (Head hist. 399).

31) Von Odysseus wird dies α 177 angedeutet; der höfliche Mann frägt über die Schiffsleute: „Wer rühmten sie sich zu sein?" (α 172 ? 189); Nestor empfängt etwaige Seeräuber freundlich. Man sieht überhaupt, dass Raubfahrten in fremde Länder, wie Ägypten oder Phönikien (ο 427) ein beliebter Sport waren.

32) Was in den homerischen Epen gerühmt wird, ist ein Werk des Hephaistos oder es kommt aus dem Orient.

33) Wiedemann, die ältesten Beziehungen zwischen Ägypten und Griechenland 1883.

³⁴) Der lakonische Dichter Alkman, selbst ein Lyder, spricht von lydischen Binden (23, 67) und phrygischer Musik (82). Der Staat tritt mit Kroisos in Verbindung.

³⁵) Dies deutet eben jener Lakedämonier an (24).

³⁶) Aischylos in den Persern 183; Herodot 5, 87. Wenn also Studniczka in seinen wertvollen „Beiträgen" von solchen chauvinistischen Stellen ausgeht, wage ich ihm nicht zu folgen.

³⁷) In der Gruppe des Künstlers Menelaos hat die Frau eine alte Frisur, aber eine männliche (zwei Zöpfe von der Mitte der Stirne nach beiden Seiten herumgelegt). Unerhört ist die Frisur des attischen Kopfes Nr. 51 der Glyptothek (Athen. Mitth. VIII T. 12, 4 a b).

³⁸) Der Kopf gehört zwar nicht zur „Penelope" (s. jetzt Denkmäler I T. 31 mit Text), doch sind am Torso noch je vier lose Brustlocken sichtbar (gegen höheres Alter spricht die ganze Haltung; Schlie zweifelt ebenfalls an der echten Altertümlichkeit. Auch in den zugleich veröffentlichten Fragmenten eines Reliefs und einer Statuette kann ich nichts von Archaismus entdecken); Athena von Herculaneum (Millingen, unedited monuments T. 7); die „archaistische" Artemis der Glyptothek (mit zwei Brustlocken); Apollo Chiaramonti Clar. 483, 891 und in Mantua Clarac 482 b, 933 a; Torso Farnese Clar. 683, 1599; sogen. Bonus eventus im Louvre Clar. 276, 292 u. s. w. Eine grössere Anzahl solcher Statuen bespricht von einem anderen Augenpunkte aus Schreiber, Athen. Mitth 9, 232 ff. Apollos Haar allein gäbe den Stoff für eine inhaltsreiche Abhandlung. Für das Kunsthandwerk citire ich die Silbervase mit der Apotheose Homers (Millingen uned. mon. T. 13) und eine Terrakottafigur bei Stackelberg T. 63, 1. Nicht zu verwechseln damit ist die mannigfache Legung und Knüpfung des schlichten Haares von Epheben (z. B. der sogen. Krobylos des Apollo und Eros, ferner die seltsamen Frisuren bei Conze. Beiträge T. 9; Monum. 1856 T. 11). Der olympische Zeus, dessen Reproduktionen in der Frisur abweichen, scheint bloss langes Haar gemäss der homerischen Schilderung gehabt zu haben.

³⁹) Die Frisuren der Ptolemäer (besonders des vierten) sind durch ihre Münzen bekannt; ähnlich erschienen die Seleukiden, wie Antiochos I. Soter (281—261) und Kleopatra (125), s. Head historia Fig. 337, 343. Wer die Museenkataloge auf die Schlagwörter Isis, Berenike, Kybele, Ptole-

mier, indischer Dionysos, Attis, Ganymed und etwa noch Adonis durchsieht, wird viele Beispiele finden, z. B. Char. 307, 359. 369. 675, 1600a. 632h. 1121b; ein besonders schönes aus Bronze in Neapel Mus. Borb. XII T. 11 — nicht zu vergessen die Orientalenfiguren der freien Kunst, wie Anchises im Bronzerelief von Paramythia (Millingen T. 12). Der Jude, welcher die Maske des Phokylides vorgebunden hat, rät den Eltern ab, ihren Kindern künstliche Locken im Nacken (πλοκαμηΐδα χαίτην) und an den Seiten (ἄμματα λοξὰ κορύμβων) und einen Aufbau auf dem Scheitel (κορυφήν) zu flechten (V. 210 f.).

⁴⁰) Es wäre gut, einmal das tragische Kostüm von diesem Gesichtspunkte aus zu behandeln, welchem auch die Kothurne entsprechen (vgl. Herodot 1, 155. 6, 125). Die alte mit der tragischen übereinstimmende Tracht behielten die Kitharöden, Flötenspieler, Tragöden und Wagenlenker an den Festen, die Hierophanten und „Fackelträger" der eleusinischen Mysterien (Athenaios 1, 21e) und wer sonst feierlich erscheinen wollte (vgl. Artemidoros 1, 18). An den Oschophoren, dem Feste des Theseus, erinnerte das Kostüm an den Heros. Die sogenannten Karyatiden des Erechtheions haben eine so ungewöhnliche Haartracht, dass diese zu der Processionskleidung der Kanephoren gehört haben muss.

Den Frauenhelden schildert der lukianische Eros (Göttergespräche 2, 2): ἑκατέρωθεν καθημένους βοστρύχους τῇ μίτρᾳ τούτους ἀναλιμμένους.

⁴¹) Cicero im Brutus § 70; ebenso urteilten „sehr viele" Zeitgenossen Quintilians (12, 10, 7) und Martialis (9, 59, 12). Vgl. Vitruv 1, 1, 13. Anders Varro bei Plinius (34, 56).

⁴²) Plinius 36, 13; Gelegenheitsgedichte des Antipatros (Anthol. Planud. IV 220 und Anthol. Palat. 9, 238) sind für die Wertschätzung der alten Künstler ohne Belang.

⁴³) Kallon bei Quintilian 12, 10, 7, Kanachos bei Cicero im Brutus § 70; Pausanias dachte wie letzterer (7, 8, 10). Die angeblichen Nachbildungen von Kanachos' Apollo sind auf diesen bloss wegen der Münzen von Milet, wo das Original stand, zurückgeführt, widersprechen aber der Beschreibung des Plinius (34, 75), welche hingegen auf einige Gemmen (Wieseler 1 61; Cades impronte 4, 19. 20) passt und ein Seitenstück an der Artemis der Glyptothek hat.

45) Gegen die von Studniczka u. A. vertretene Annahme, dass die kopierte Gruppe die des Antenor sei, spricht, ganz abgesehen von der Haartracht, das bestimmte Zeugnis des Lukian, dass die Gruppe der zwei Künstler kopiert wurde (Lügenbold K. 18), ferner, dass Kritios und Nesiotes populäre Namen waren, Antenor nicht: schon die Marmorchronik von Paros erwähnt nur das jüngere Werk (Z. 70 f.).

46) Strabon VII 6, 1 S. 319.

47) Dionys von Halikarnass, über Isokrates 3 (in Erinnerung daran Gregor von Nazianz, an die Bischöfe 742), Cicero im Brutus 70 und Quintilian 12, 10, 7.

48) Über die Sosandra Lukian „Bilder" 4 u. 6, und „Hetärengespräche" 3, 2; die Viergespanne rühmen Properz (3, 9, 10) und Ovid (ex Ponto 4, 1, 33).

49) In Kap. 6 der „Bilder".

50) Lukian erwähnt auch beiläufig, die Erzstatue des athenischen Hermes Agoraios „mit dem altertümlich aufgebundenen Haar" würde täglich von Bildhauern abgeformt (Zeus als Tragöde 33).

51) Fest vorgestellter Fuss: „Nemesis" Mus. Pioclem. II T. A III, Clarac 759, 1853; „Spes" und „indischer Dionysos" in der Glyptothek Clar. 768, 1902, 696a, 1641; angebliche Sosandra, Braun Vorschule T. 79 — Roschers Lex. I Sp. 412; Aphrodite am Zwölfgötteraltar des Louvre; Apollo mit dem Hirschkalb im Museo Chiaramonti, Clar. 185, 931; Achilles Borghese im Louvre. Regelmässige Falten: Besonders auffällig ist die Vorliebe für dreieckige Saumfalten. Gelegentlich finden sie sich in Bildern freien Stiles, z. B. in der Apotheose Homers.

52) Lächeln: z. B. die von Longos erwähnten Nymphenbilder (1, 4); ein solches nachgebildet am Dionysos Hope (Clar. 695, 1614 Roscher I 1133); Aufnehmen des Gewandes (schon an malerischen Vasen, wie Gerhard Abh. T. 2): Die „Spes" genannten Figuren (vgl. Anm. 51); „Abundantia" in Dresden, Clarac 452, 829; Statue in der Villa Albani, Momm. VIII T. 3 (Annali 1869 p. 109 ff.); Athena Pourtalès, Gallerie Pourtalès T. 4, im Louvre Clarac 319, 596; Statue vom Aventin Bullett. comm. 1881 T. 5 S. 106 ff. (vgl. Studniczka, Röm. Mittheil. III 277); Venus von Pompeji, Baumeisters Denkm. 93; Kanephoren

in der Villa Albani und im Louvre Clarac 414, 814 b, 813, aus Herculanum 443, 810 (nach Finati Tänzerin); Karyatiden Clar. [445, 814 ergänzt] 443, 812, auch an den Ecken römischer Sarkophage wie des Penthesileiasarkophages aus Saloniki; dann in Reliefs (dem korinthischen Brunnenrelief, dem barberinischen Kandelaber, dem borghesischen Zwölfgötteraltar, im Palazzo Spada Braun Basreliefs T. 3   Roschers Lex. I 311). Nach Wolters (Athen. Mitth. 1889 S. 134) ist die Artemis Colonna in Berlin Nr. 59 (Denkm. alter K. II 16, 67) aus dem archaischen Typus umgebildet; das Verzeichnis sagt richtig „schiessend". Anfassen mit zwei Fingerspitzen: in den erwähnten Reliefs, ebenso beim Emporziehen des Obergewandes (s. Anm. 25): Korinthisches Brunnenrelief, Dreifussbasis im Louvre und der erwähnte Zwölfgötteraltar. Wunderlich nimmt sich ein derartiges Anfassen eines Kruges aus (Clar. 122, 155, 172, 300). Hin und wieder taucht diese zierliche Fingerstellung in römischen Reliefs auf wie Clarac 150, 204. Blume in der Hand: das erwähnte Bild am Dionysos Hope; Hebe in dem korinthischen Relief; Aphrodite an einem barberinischen Kandelaber; „Athene" im Louvre, Clarac 319, 596. Das zärtliche Drücken beobachten wir bei jener Hebe und dem Apollo Chiaramonti, der ein Hirschkälbchen an die Brust drückt (Clar. 485, 951). Schmachtlocken: sehr oft, z. B. an der Münchner Spes; auch Männer tragen sie: „Etruskischer Priester" in der Villa Albani, Clarac 768b, 1907; ebendort indischer Bacchus Clar. 770b, 1907b u. s. w. Aus den in den benachbarten Anmerkungen angeführten Denkmälern ist eine bunte Reihe von Frisuren zusammenzustellen, welche aber zumeist nur auf oberflächlicher Nachahmung beruhen. Der spitze Bart fehlt ebenfalls nicht, z. B. Clarac 132, 110.

26) Übertreibung im Aufheben: Relief von Aricia (nach Overbeck echt archaisch), ähnlich die Athenafigur „des Endoios" (s. Anm. 7); auf den Zehenspitzen gehen Götter: Viergötterbasis von Athen (Overbeck Fig. 44), Dresdener Dreifussbasis (ders. Fig. 47), Clarac 122, 172. Dieser Fall hat ein besonderes Aussehen, weil auch in rotfigurigen Vasenbildern Personen auf den Zehenspitzen gehen (Berlin 1732, Gerhard Auserl. Vas. II 122; Berlin 1848, Gerhard etr. u. kamp. Vasenb. T. 17, 3). Die gleiche Beobachtung machen wir mit Athenebildern von Münzen (des Antigonos Gonatas oder Doson, Head hist. Fig. 146; Philipp V. von Makedonien,

Head Fig. 147; von Pella Brit. Mus. catal. Macedonia p. 90, nach Head p. 212 Kopie der von Livius 42, 51 erwähnten Statue. Aber eine Statue konnte doch nicht auf den Zehenspitzen stehen; Thessalien 196—146 Head Fig. 179, deutlicher in dem hiesigen Originale). Aber nur Athene und eine Amazone erscheinen so und auch diese nur auf den Feind losstürmend. In der „Diana von Gabii" ist der rasche geräuschlose Schritt der Götter massvoll angedeutet. Die archaisierenden Künstler beachten diesen Unterschied nicht, ja sie lassen sogar Personen auf den Zehen stehen, was zuvor nur in Klecksereien von Vasen (wie der „Aristonophos"-Vase) vorgekommen war (so in jener Dreifussbasis, dem Relief von Aricia und einem Weihgeschenk für einen musikalischen Sieg, Overbeck Plastik Fig. 48).

Der steife Stand mit parallelen Beinen hat mehr Liebhaber gefunden als man denken sollte. Bei Karyatiden, welche sicher tragen sollen, ist ja die Stellung natürlich (in der alten Sammlung Torlonia Clarac 443, 812, in der Glyptothek 445, 814 c, wahrscheinlich auch im Vatikan 445, 814 e), nicht aber bei selbständigen Bildwerken; die meisten sind Frauenfiguren: Eine „Angerona" benannte Bronzestatuette in Paris (Clarac 410 h, 814 h Gaz. archéol. 1883 pl. 31 — Studniczka, Beiträge S. 10, Fig. 5, nach diesem unzweifelhaft ein griechisches Werk des fünften Jahrhunderts), „Euterpe" Chiaramonti, Clar. 505, 1008; „Melpomene" in Mantua, Clar. 506 b, 1054 b, ganz ähnliche „Melpomene" Clar. 510, 1032; zwei „Cerespriesterinnen" in der Villa Albani Clar. 442, 807; „Hestia" im Museo Torlonia, Roschers Lex. I Sp. 2648; Hestia an der Dreifussbasis des Louvre, DAK. I 12, 44 — Roschers Lex. I 2649; seltener Männerstatuen: Apollo in der Villa Borghese Clar. 480, 922; indischer Bacchus in der Villa Albani Clar. 770 b, 1907 b. Eine späte Basis, welche eine Porträtstatue des Pheidias trägt (Löwy, Inschriften 548), zeigt zwei aneinander geschlossene Füsse; man scheint also gemeint zu haben, erst Polyklet habe das Spielbein eingeführt.

Das Vorziehen des Schleiers ist missverstanden in einem Relief aus der Mani (sog. Maina) Athen. Mitth. VIII T. 16, dessen Verfasser den Archaismus auch in schmaler Taille und geschlossenen Augen sucht.

Verdächtig ist mir auch die Naivität des in der Ἐφημερὶς ἀρχαιολογική 1886 T. 9 und von Bruckmann-Brunn (17) veröffentlichten Reliefs.

Das Gewand ist lächerlich hoch gehoben, die losen Brustlocken sonderbar gekrümmt. Ich weise auch auf die Haltung der Kinder und die eingedrückten Taillen hin. Selbst das Schwein nimmt mit seinem Schwänzchen an der allgemeinen Geziertheit Teil.

[55]) Die hübsche Artemisstatuette von Pompeji macht zuerst den Eindruck eines echt altertümlichen Werkes; aber bei näherem Zusehen fällt die Haartracht mit den losen Locken auf, sodann die Stellung der Füsse, welche ein wirklicher alter Meister für den Ausfall der kämpfenden Göttin aufgespart hätte, und endlich die auffallende Gestrecktheit des Halses.

Kgl. Universitätsdruckerei von H. Stürtz in Würzburg.

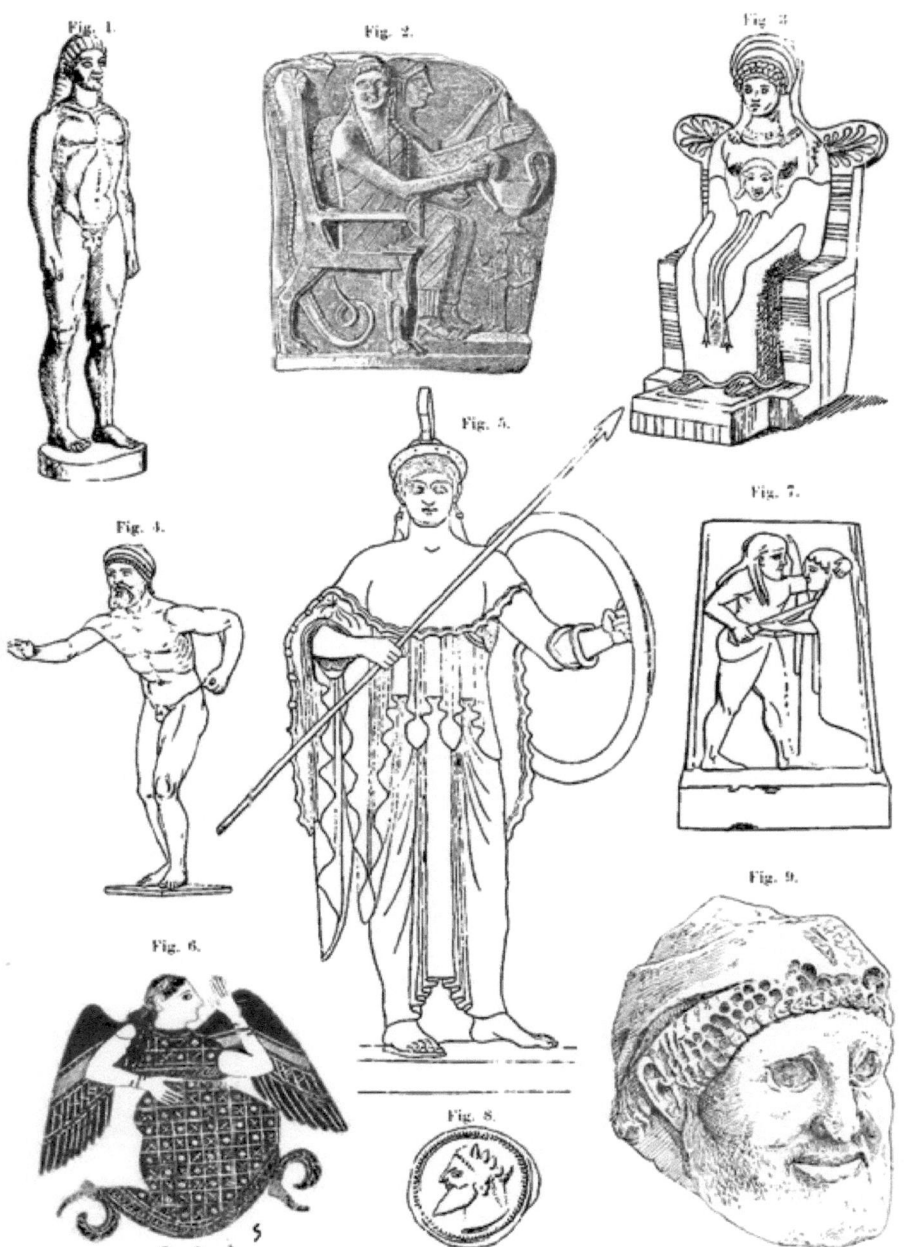

Taf. II.

Taf. III.